# La Mente Silente

Gianni Cibien

La Mente Silente

# DEDICA

Alla mia macchina da caffe, che durante tutte le lunghe
ore,passate a scrivere
instancabilmente era sempre pronta.

# RINGRAZIAMENTI

A tutti coloro che mi hanno sostenuto durante la stesura e a Voi cari Lettori per averlo  acquistato

# Indice

# DISCLAIMER

Le informazioni fornite in questo libro hanno lo scopo di fornire informazioni utili sugli argomenti trattati. Questo libro non è destinato ad essere utilizzato, né dovrebbe essere usato, per diagnosticare o trattare qualsiasi condizione medica. Per la diagnosi o il trattamento di qualsiasi problema medico, consultare il proprio medico. L'editore e l'autore non sono responsabili di alcuna specifica esigenza di salute o allergia che possa richiedere una supervisione medica e non sono responsabili per eventuali danni o conseguenze negative derivanti da qualsiasi trattamento, azione, applicazione o preparazione, a chiunque legga o segua le informazioni contenute in questo libro. I riferimenti sono forniti solo a scopo informativo e non costituiscono approvazione di alcun sito web o altra fonte. I lettori devono essere consapevoli che i siti web elencati in questo libro possono cambiare.

Anche se ogni tentativo è stato fatto per fornire informazioni che siano accurate ed efficaci, l'autore non si assume alcuna responsabilità per l'accuratezza o l'uso/utilizzo di queste informazioni.

## CAPITOLO 1 - COS'È LA MEDITAZIONE
## E DA DOVE VIENE?

Che cos'è la meditazione? Quando si pone questa domanda a persone diverse, si ottengono risposte diverse.
Il più delle volte le persone si confondono con queste risposte e questi tipi di opinioni contraddittorie spesso ingannano anche le persone.
Dovreste capire che la meditazione non appartiene solo ai monaci e che anche le persone comuni possono godere degli enormi benefici che la meditazione comporta, se sono disposte a praticarla correttamente.
Le tecniche di meditazione possono essere descritte come un approccio che chiunque può utilizzare per trovare soluzioni a vari problemi come problemi medici, stress, ansia e altri problemi mentali correlati e che si ottiene attraverso il pensiero, la contemplazione e la riflessione.

## Cos'è la meditazione?

Definire la meditazione in poche parole può sempre essere descritto come un percorso in salita. Tuttavia, la definizione più realistica che si può dare è che la meditazione è uno stato d'animo e vi porterà in uno stato in cui rimarranno solo la coscienza e la consapevolezza.

Quando toglierai tutti i pensieri e l'immaginazione dalla tua coscienza, rimarrà solo la coscienza e questo puro stato di coscienza può essere descritto come meditazione.

Non è un compito facile e bisogna essere estremamente impegnati e disciplinati per raggiungere i risultati desiderati. La meditazione comprende diverse pratiche e tutte queste diverse pratiche adottano diversi metodi di approccio. I principi di base rimarranno sempre gli stessi e tutte le buone pratiche mireranno sempre a raggiungere uno stato di ruminazione attraverso la considerazione e il pensiero tranquillo.

## Diversi tipi di meditazione

Vi imbatterete in una grande varietà di diversi tipi di pratiche in questi giorni e comprendono la meditazione Zen, la meditazione buddista, la preghiera, la meditazione trascendentale, la meditazione taoista e la meditazione della consapevolezza.

Alcuni metodi vi consiglieranno di mantenere il vostro corpo fermo o di muovervi con deliberazione controllata e, nel caso di altri metodi, potrete avere un libero movimento del corpo.

Potete scegliere il metodo più adatto che vi piace e la linea di fondo è che dovete seguire tutte le istruzioni con assoluto impegno e dedizione. In una situazione del genere, la gestione dei vostri problemi mentali e fisici diventerà un processo senza problemi e si tradurrà in un miglioramento della produttività.

## Da dove nasce la meditazione?

Anche fornire una risposta definitiva a questa domanda è un compito difficile.

La meditazione nasce dall'inesorabile sete dell'uomo di rispondere alle domande sulla sua esistenza. La sua origine può essere rintracciata molto prima che l'umanità si civilizzasse e i "Veda" indiani suggeriscono chiaramente che la meditazione si è affermata come pratica spirituale in quei tempi.

Verso il 500 a.C., le tradizioni meditative sono nate in Cina e hanno spianato la strada allo sviluppo della tradizione Zen. Con l'evoluzione del tempo, sia la tradizione meditativa indù che quella buddista hanno iniziato a diffondersi in tutte le parti del mondo e si può dire senza ombra di dubbio che la meditazione è molto popolare in tutte le parti del mondo in questi giorni.

Le tecniche di meditazione hanno subito un'enorme trasformazione durante tutti questi anni e in questi giorni; sono state progettate per migliorare la salute mentale e fisica delle persone nel miglior modo possibile.

## CAPITOLO 2 - I BENEFICI DELLA MEDITAZIONE PER LA MENTE

Quando avete un disturbo fisico da affrontare, prenderete medicine o cercherete altri tipi di assistenza medica. Cosa farete quando avrete un problema mentale come lo stress o l'ansia da affrontare?

Non potete curare i vostri problemi mentali con la sola medicina ed è proprio qui che entra in gioco l'importanza di un metodo di approccio scientifico e completo.

Se cercate tranquillità, calma, gioia, maggiore energia e appagamento nella vita, le compresse o le pillole non vi forniranno tutti questi benefici. La meditazione è la migliore opzione disponibile per godere di tutti questi benefici e può essere descritta come una medicina per la mente.

La cosa più importante è che si dovrebbe fare della meditazione una pratica quotidiana e si dovrà adottare anche un metodo sistematico di approccio.

## Come la meditazione controlla la tua mente?

Non c'è dubbio che le nostre menti sono note per vagare e passare da un pensiero all'altro. L'attenzione focalizzata è diventata un compito estremamente difficile in questi giorni.

Diversi studi di ricerca dei neuroscienziati hanno dimostrato che la meditazione rafforza le connessioni tra le cellule cerebrali e porterà al rafforzamento del cervello. Le persone che meditano mostrano livelli più alti di giroscopia (il processo di piegamento della corteccia cerebrale come risultato della crescita) e questo aiuterà il cervello ad elaborare le informazioni ad un ritmo più veloce. Come fattore risultante, il cervello migliorerà la sua capacità di migliorare l'attenzione, di formare i ricordi e di prendere decisioni.Studi recenti hanno dimostrato che la meditazione a lungo termine migliorerà la densità di materia grigia nel tronco cerebrale e farà alcune differenze strutturali per favorire un miglioramento delle risposte emotive, immunitarie e cognitive. La meditazione ha anche effetti positivi sulla respirazione e sulla frequenza cardiaca.

Quindi i benefici mentali associati alla meditazione non possono essere definiti non scientifici e l'espressione dei metaboliti cerebrali (legati alla depressione e all'ansia) delle persone che meditano è completamente diversa rispetto alle altre persone.

Le ultime scoperte dimostrano anche che la meditazione può sempre essere associata a cambiamenti drammatici nell'attività elettrica cerebrale, in particolare il miglioramento dell'attività Theta e dell'Alpha EEG, e questi due aspetti possono sempre essere collegati a un'attenzione sveglia e rilassata.


### Quali vantaggi offre la pratica della meditazione alla vostra mente?

Il beneficio più importante è il miglioramento dell'attenzione, e anche la riduzione dello stress diventerà una realtà. Migliorerà la vostra memoria di lavoro e le attività multitasking stressanti diventeranno meno complicate.

La vostra capacità di generare idee raggiungerà un nuovo livello e anche la meditazione gioca un ruolo importante nell'aumentare i livelli di empatia.
Altri importanti benefici della meditazione sono la diminuzione dell'ansia, la stabilità emotiva, il miglioramento della creatività, la chiarezza di pensiero, l'intuizione completamente sviluppata, una maggiore concentrazione, il perfetto equilibrio tra mente acuta e coscienza espansa, la riduzione della tensione, l'atteggiamento ottimista verso la vita e una maggiore tranquillità.
Tutti questi benefici che la meditazione offre alla vostra mente sono scientificamente provati e la vostra produttività sarà migliorata senza ombra di dubbio. Cosa indicano tutti questi fatti? Questi fatti indicano

chiaramente che quando si pratica la meditazione con la massima disciplina e dedizione, la qualità della vita migliorerà in modo significativo.

## CAPITOLO 3- I BENEFICI DELLA MEDITAZIONE PER IL CORPO

Tutti sanno che la meditazione offre molti benefici spirituali ed emotivi. Allo stesso tempo, offre molti benefici anche per il vostro corpo.

Non si può categorizzare la mente e il corpo in due compartimenti stagni, perché entrambi questi componenti dovrebbero lavorare in armonia e mantenere la salute a un livello ottimale.

Una mente sana si trova solo in un corpo sano e la meditazione adotta sempre un metodo di approccio completo per migliorare la qualità della vostra vita.

Diversi studi hanno chiaramente dimostrato che i praticanti di meditazione a lungo termine possiedono geni più attivi nella lotta contro le malattie rispetto ad altre persone e l'effetto rilassante della meditazione gioca il ruolo più importante nel fornire tutti questi benefici per la salute.

## Che effetto ha la meditazione sul tuo corpo?

È un fatto scientificamente provato che la meditazione offre enormi benefici fisici e i benefici più popolari sono la riduzione dello stress e la diminuzione della tensione muscolare.

La meditazione vi aiuterà anche a risolvere vari problemi di salute come l'alimentazione incontrollabile, i disturbi d'ansia, l'abuso di sostanze, la stanchezza, l'ipertensione, il dolore, i problemi di sonno, le malattie cardiache, le allergie e l'asma e, la meditazione viene utilizzata anche come trattamento supplementare in combinazione con altri interventi medici in questi giorni.

Quando si pratica la meditazione, la vostra fisiologia subirà un cambiamento e, ogni singola cellula del vostro corpo si riempirà di più energia.

## Benefici per i polmoni e per il cuore

Le vostre funzioni di riposo e di digestione sono controllate da un sistema nervoso parasimpatico e la meditazione causerà un aumento dell'attività in questo sistema.

Come fattore di conseguenza, i polmoni inizieranno a disegnare respiri più profondi e il battito cardiaco tornerà ai limiti ottimali. Il risultato sarà il rilassamento dei vostri vasi sanguigni ed è provato che la meditazione regolare farà scendere la vostra pressione sanguigna in modo significativo. Tutti questi benefici ridurranno sempre al meglio il rischio di malattie cardiache.

Bene, ora che abbiamo trattato il cosa è e la storia della meditazione e i benefici che ne derivano, è il momento di entrare nella meditazione vera e propria.

Un studio della durata di 8 settimane tenutosi al Massachusetts General Hospital (MGH) e pubblicato sulla gazetta dell'università di Hadward riporta "Anche se la pratica della meditazione è associata a un senso di tranquillità e di rilassamento fisico, i praticanti sostengono da tempo che la meditazione fornisce anche benefici cognitivi e psicologici che persistono per tutto il giorno".

"Questo studio dimostra che i cambiamenti nella struttura del cervello possono essere alla base di alcuni di questi miglioramenti segnalati e che le persone non si sentono meglio solo perché passano il tempo a rilassarsi". https://news.harvard.edu/gazette/story/2011/01/eight-weeks-to-a-better-brain/

## CAPITOLO 4 - ENTRARE NELLO STATO D'ANIMO DELLA MEDITAZIONE

Come controllare la respirazione rimuovendo tutti i pensieri dalla mente? La meditazione vi insegnerà a svolgere questo compito e vi offrirà molti benefici per la salute, tra cui la diminuzione dei livelli di stress e l'aumento del livello di concentrazione.

Le persone che praticano la meditazione dicono spesso che la meditazione fornisce loro una sensazione di pace interiore e di soddisfazione. Un numero enorme di persone la prova in un certo momento della loro vita e solo poche persone continueranno a praticare la meditazione in modo costante.

Un buon numero di persone spesso interrompe i propri sforzi quando pensa di non poter meditare in modo efficace o sente di non raggiungere i risultati desiderati.

Tutti questi ostacoli dovranno essere rimossi quando si inizia a praticare la meditazione ed entrare nell'umore della meditazione è la chiave per rimuovere questi ostacoli.

## Rendere la meditazione una componente integrante del programma giornaliero

Molte persone meditano solo quando hanno un po' di tempo libero. Quando si impegnano in altre attività, la maggior parte delle persone tende a dimenticare la meditazione.

In una situazione di questo tipo, la meditazione passerà in secondo piano e un tale metodo di approccio non vi aiuterà ad entrare nello stato d'animo meditativo. Un periodo di tempo fisso dovrebbe essere sempre assegnato ogni giorno per praticare la meditazione e un tale approccio renderà la meditazione una componente integrante del vostro programma...

## Cercate un posto adatto.

Un luogo comodo e adatto vi aiuterà ad entrare nello stato d'animo della meditazione ed è sempre consigliabile scegliete un'area della vostra casa dove potrete meditare senza distrazioni. Potete collocare alcune candele aromatiche nel luogo dove si pratica la meditazione. Vi fornirà l'aiuto necessario per entrare facilmente nell'umore.

## Cercate di portare più impegno

Dovreste impegnarvi attivamente per liberarvi di tutte le distrazioni, anche se è più facile a dirsi che a farsi. Indossate sempre abiti larghi e concentratevi sulla respirazione. Non dovreste mai cercare di controllare la vostra respirazione e il vostro corpo dovrebbe poter respirare in modo naturale. Potete anche provare a praticare la meditazione con il vostro partner e sarà un'esperienza molto illuminante per alcune persone.

## Assicuratevi di non essere disturbati da altri pensieri

Se volete ottenere il massimo beneficio dalla meditazione dovrete meditare due volte al giorno e dovreste meditare sempre durante le prime ore del mattino.
Poiché vi siete appena svegliati da una notte di riposo, la vostra mente sarà in uno stato di rilassamento e sarete in grado di concentrarvi più profondamente. Non dovreste essere disturbati da pensieri legati alla vostra vita

professionale e personale e si dovrebbe fare uno sforzo deliberato per riportare la vostra attenzione sulla respirazione.

**Riconoscete i momenti di frustrazione**

Diventare impazienti e frustrati è un processo naturale quando si inizia a praticare la meditazione. La cosa più importante è riconoscere che si sta diventando frustrati ed è il primo e più importante passo per superare la frustrazione. Tutti questi suggerimenti vi forniranno l'aiuto necessario per entrare nello stato d'animo della meditazione abbastanza facilmente e con la pratica sarete in grado di eliminare anche tutti i dubbi, le distrazioni e la frustrazione.

## CAPITOLO 5 - TECNICHE DI MEDITAZIONE PER PRINCIPIANTI

Quando si inizia a praticare la meditazione, può essere difficile stare seduti per un lungo periodo di tempo con la mente vuota. Le distrazioni sono inevitabili e bisogna superare questa fase con grande determinazione e disciplina.

Il modo più semplice per superare i problemi iniziali è iniziare la meditazione concentrandosi sul respiro e dovrete imparare questa tecnica per tentativi. A volte può essere difficile concentrarsi, ma bisogna riconoscere che non ci si concentra. Allora la vostra concentrazione può essere riportata al processo di respirazione e lentamente ma gradualmente, imparerete a concentrarvi per un periodo di tempo prolungato.

## Meditazione concentrativa

Questa tecnica di meditazione vi insegnerà a concentrarvi su un singolo punto. Può essere praticata con l'aiuto di varie attività come ripetere un mantra o una singola parola, ascoltare un gong ripetitivo, guardare la fiamma di una candela, contare i grani su un rosario, guardare il respiro e ascoltare un gong ripetitivo.

Concentrarsi per un periodo di tempo prolungato può essere un compito scoraggiante per un principiante e i principianti dovrebbero meditare solo per un breve periodo di tempo nelle fasi iniziali. La messa a fuoco per un periodo di tempo prolungato dovrebbe essere tentata in modo graduale.

Ciò che accade con questa tecnica è che ogni volta che la vostra mente si distrae con altri pensieri, vi concentrerete nuovamente sull'oggetto dell'attenzione scelto. Questa semplice tecnica vi insegnerà come evitare di inseguire pensieri casuali e la vostra capacità di concentrazione migliorerà notevolmente.

## Meditazione di consapevolezza

Questa tecnica motiverà un principiante ad osservare i pensieri vaganti che passano nella vostra mente. Lo scopo di questo metodo non è quello di giudicare i pensieri erranti o di essere coinvolti con essi, ma di essere consapevoli di ogni nota mentale nel momento in cui si presenta.

Quando un principiante pratica la meditazione mentale, sarà in grado di vedere come i suoi sentimenti e pensieri tendono a muoversi in certi schemi e gradualmente diventerà consapevole della tendenza umana a giudicare l'esperienza come piacevole o spiacevole. Come principiante, quando pratichi questa tecnica regolarmente, sarai in grado di sviluppare l'equilibrio interiore.

## Altri aspetti importanti

La migliore postura del corpo per praticare la meditazione è quella di sedersi a gambe incrociate sul pavimento, mantenendo la colonna vertebrale dritta e rilassata. Come principiante, potreste trovare questa postura del corpo piuttosto impegnativa e potreste anche trovarla estremamente scomoda.

In una situazione del genere, è possibile scegliere la postura che più vi fa sentire a vostro agio, come sedersi dritti su una sedia.

Quando vi sedete per la meditazione, la vostra mente può

essere distratta da altri pensieri per 100 volte e dovreste riportarla alla concentrazione a portata di mano per 100 volte. Dovreste essere pronti a riportarla anche per 101 volte e questo metodo di approccio vi aiuterà a superare tutte le difficoltà durante le fasi iniziali della meditazione. Il punto è che, come principiante, dovreste scegliere una tecnica di meditazione semplice ed efficace. Oltre il 99% delle persone che praticano la meditazione pone fine ai propri sforzi durante la fase iniziale.

Quando avrete successo nella gestione dei problemi iniziali, la meditazione diventerà un aspetto integrante della vostra vita e, di conseguenza, la qualità della vita subirà un'enorme trasformazione.

## CAPITOLO 6 - EVITARE QUESTI ERRORI COMUNI QUANDO SI INIZIA LA MEDITAZIONE

Quali sono gli errori più comuni che le persone commettono spesso mentre imparano a meditare? Lo scopriremo presto.

Imparare a controllare la nostra mente può sempre essere descritto come un compito difficile e si dovrebbe avere la disciplina e la pazienza per imparare dagli errori che si commettono.

Molte persone abbandonano la meditazione dopo pochi giorni e per evitare questa possibilità, dovreste evitare di commettere alcuni degli errori più comuni mentre praticate la meditazione. Ecco i 5 errori comuni che le persone commettono spesso:

## 1) Aspettarsi risultati più rapidi e non realistici

Non ci si può aspettare risultati drammatici in pochi giorni. È risaputo che la meditazione offre grandi benefici per la mente e il corpo e si dovrebbe adottare un metodo di approccio sistematico per rendere tutti questi aspetti una realtà.

Non dovreste eccitarvi troppo e la pratica regolare è assolutamente essenziale. La prospettiva di sperimentare grandi benefici per voi stessi non dovrebbe dominare il vostro corso d'azione e dovreste ammettere il fatto che diventare frustrati o impazienti è abbastanza naturale per tutti i principianti. La soluzione migliore è continuare ad esercitarsi quotidianamente.

## 2) Scegliere un ambiente improprio

Un ambiente improprio renderà sempre breve la vostra sessione di meditazione e vi imbatterete in molte distrazioni. Dovreste sempre scegliere un ambiente adatto per praticare la meditazione e il luogo che che scegliete dovrebbe essere libero da ogni tipo di distrazione.

Se esercitate a casa, i vostri familiari dovrebbero fornire tutta la collaborazione necessaria per mettervi a vostro agio. È sempre consigliabile scegliere un luogo morbido e di sostegno, ideale per varie attività come sedersi o sdraiarsi e il luogo dovrebbe essere anche estremamente sereno. Anche il vostro abbigliamento merita grande attenzione e dovreste indossare abiti comodi. Tutti questi aspetti renderanno la vostra meditazione davvero piacevole.

## 3) Diventare troppo sperimentale con varie tecniche di meditazione

Dopo aver scelto una tecnica di meditazione, si dovrebbe attenersi a quel metodo senza preoccuparsi di altri metodi. Alcune persone provano un metodo per qualche giorno e subito dopo passano ad un altro metodo. Questa abitudine dovrebbe essere sempre scoraggiata perché non darà i risultati desiderati. In ogni caso, se si scopre che un determinato metodo non dà risultati dopo aver fatto sforzi determinati, non c'è nulla di sbagliato nella scelta di un metodo più adatto. La linea di fondo è che non si dovrebbe diventare troppo sperimentali.

## 4) Praticare in modo irregolare

Se si pratica in modo irregolare, il raggiungimento dei risultati desiderati diventerà una realtà lontana. Per ottenere i massimi benefici dalla meditazione, dovreste meditare in modo quotidiano e la pratica della meditazione dovrebbe diventare parte integrante della vostra routine quotidiana.

Le persone che sono veramente serie nei confronti della meditazione, la considereranno sempre come una pratica di igiene mentale. I rinunciatari non vinceranno mai e i vincitori non rinunceranno mai. Non si dovrebbe smettere di praticare dopo pochi giorni e si può dire senza ombra di dubbio che la pratica regolare è assolutamente essenziale per raccogliere i veri frutti associati alla meditazione.

## 5) Selezione di una tecnica di meditazione non adatta

I gusti e gli atteggiamenti delle diverse persone variano e voi dovreste scegliere il metodo più adatto che vi terrà rilassati e a vostro agio. Alcune persone rendono estremamente difficile la scelta di una tecnica non adatta che richiederà molto tempo per imparare e padroneggiare. Commettere tutti questi errori influirà negativamente sui vostri progressi. È sempre consigliabile evitare questi cinque errori comuni per rendere la vostra sessione di meditazione estremamente piacevole e gratificante.

## CAPITOLO 7 - TECNICHE DI MEDITAZIONE AVANZATE

Quando si riesce a superare gli ostacoli che caratterizzano le prime fasi della meditazione, si può progredire verso la meditazione avanzata.

Le persone che hanno praticato regolarmente la meditazione, dovrebbero provare tecniche di meditazione avanzate per intensificare la loro esperienza e la meditazione più profonda avrà sempre uno scopo più significativo rispetto all'eliminazione dello stress.

È necessario eseguire tecniche avanzate con una guida adeguata e queste tecniche vi aiuteranno ad andare oltre il rilassamento fisico e la mente subconscia.

Un principiante non sarà in grado di eseguire tecniche avanzate e la meditazione avanzata può essere descritta come un processo lungo e complesso. Le persone con capacità di meditazione superiori raggiungono la totale unicità con l'energia universale e l'amore divino inizierà a fluire liberamente da loro e attraverso a tutte le persone. Le pratiche di meditazione per i principianti vi insegneranno a svuotare i vostri pensieri e vi solleveranno anche dallo stress e dalle preoccupazioni quotidiane. Quando progredite verso le fasi avanzate della meditazione, dovete usare la vostra pratica per risolvere i problemi e gli ostacoli mentali in modo più attivo e le tecniche avanzate vi insegneranno a mettere da parte la vostra mente cosciente.

La meditazione profonda aprirà la strada alle parti interne della vostra mente inconscia e le vostre onde cerebrali saranno mantenute al di sotto dei normali limiti del sonno. Questo viaggio attraverso la vostra mente può essere descritto come un compito complesso e dovreste decidere se siete pronti a praticare tecniche avanzate.La capacità di rimanere concentrati e coscienti per una lunga sessione è una componente integrante della meditazione avanzata e non si può addormentarsi per tutta la durata di questa lunga sessione.

Per avere una migliore comprensione della meditazione avanzata, potete confrontare il vostro cervello con una cipolla e ogni strato si forma nel corso della vostra vita a partire dalla nascita.

La cipolla è composta da diversi strati ed esattamente come quella, anche il vostro cervello è composto da diversi strati. Il nucleo della cipolla può essere paragonato alle parti istintive e primordiali del vostro cervello, che contengono cose come il vostro bisogno di acqua, sonno, cibo, sbattere le palpebre e deglutire. Queste parti contengono anche la purezza e l'innocenza. Lo strato successivo è il cervello dell'infanzia e contiene i tratti e le esperienze della personalità apprese e imparate. Nel caso della maggior parte delle persone, quest'area contiene molti problemi e blocchi che impediscono loro di guardare la vita nella giusta prospettiva e non saranno consapevoli di tutti questi aspetti.

È l'area che richiede più lavoro e la meditazione avanzata si concentrerà su quest'area con la massima efficienza.Gli strati esterni della cipolla possono essere paragonati al cervello adulto e la pelle esterna rappresenta la vostra mente cosciente sotto forma di pensieri e preoccupazioni.

Tutti questi strati devono essere guariti con la giusta attenzione e le tecniche di meditazione avanzate sono la migliore opzione disponibile per rendere la cura completa una realtà Quando si ha successo nell'evolversi attraverso tutti gli altri livelli di meditazione, si può iniziare a praticare tecniche di meditazione avanzate e se si vuole essere orgogliosi di possedere una mente e un'anima altamente sviluppata si dovrebbero praticare tecniche avanzate.

## CAPITOLO 8 - SCUOLE DI MEDITAZIONE - LE LORO CREDENZE E PRATICHE

Persone di tutti i ceti sociali hanno praticato diversi tipi di tecniche di meditazione per centinaia, se non migliaia di anni. Diverse scuole di meditazione si avvalgono di tecniche diverse, ma il principio fondamentale della riflessione e del pensiero tranquillo per raggiungere uno stato di ruminazione rimarrà sempre lo stesso.

Diverse scuole di pensiero includono la meditazione taoista, la meditazione Zen, la meditazione buddista, la meditazione Vipassana, la meditazione trascendentale e la meditazione Mindfulness.

Alcuni di questi metodi sostengono sempre l'importanza di mantenere il corpo fermo mentre si pratica e in alcuni metodi è consentita la stimolazione del corpo con deliberazione controllata. Alcuni altri metodi vi permetteranno anche di avere un libero movimento del corpo.

### Meditazione taoista

La meditazione taoista assomiglia molto al sistema buddista e questa scuola di pensiero può essere descritta come estremamente pratica rispetto alle tradizioni contemplative che hanno avuto origine in India.

La teoria di fondo di questa meditazione è la generazione, la trasformazione e la circolazione dell'energia interiore. Quando una persona riesce a raggiungere questo flusso di energia conosciuto come 'deh-chee', può essere utilizzato per promuovere la longevità e una migliore salute secondo la discrezione della persona coinvolta.

Ai principianti verrà insegnata la meditazione del respiro e dell'ombelico durante le fasi iniziali e può essere descritto come uno dei metodi più antichi. Il flusso naturale del respiro nelle narici e, l'espansione e la contrazione dell'addome possono sempre essere associati a questo metodo e anche la vostra attenzione focalizzata e la vostra consapevolezza a un determinato punto miglioreranno in modo significativo.

I metodi di meditazione taoisti possono essere organizzati in due categorie principali: Seduta tranquilla e alchimia interna.

## Seduta tranquilla

Seduta Tranquilla si basa sul fatto che il praticante raggiunga la massima condizione Yin. Ciò significa che, attraverso una respirazione naturale e gentile generata dal basso addome e uno stato astratto di contemplazione, la mente sperimenta il Vuoto. Attraverso questa cessazione della torbidità interna della mente e del movimento esterno del corpo, il praticante raggiungerà la chiarezza della mente e realizzerà la tranquillità del corpo. Da queste condizioni il praticante può entrare nel Tao.

Seduta tranquilla è divisa nelle pratiche di Sedersi e di Meditazione del Dimenticare e della Contemplazione. Nel taoismo, lo scopo a lungo termine della meditazione è la chiarezza e la tranquillità - in poche parole, una mente chiara e un corpo calmo. In questo stato, si dimentica di essere seduti, e si dimentica persino di dimenticare. Questo accade nel tempo con una pratica di meditazione costante e dedicata. A breve termine è meglio sedersi senza avere in mente il risultato desiderato.

**Istruzioni di base per sedersi e dimenticare:**

Stai fermo e correggi continuamente la tua postura di meditazione.
Respirate dal basso addome.
Mettete tutta la vostra attenzione (attenzione) sul basso addome. Un metodo è quello di contare i respiri, un conteggio per ogni espirazione, fino a dieci e poi ricominciare da capo a uno all'espirazione successiva.
Portate consapevolezza e compassione a qualsiasi pensiero e sentimento.
Quando la vostra mente si sente ferma e presente, lasciate che la mente si riposi nella nuda consapevolezza di tutti i sensi, senza alcun programma o sforzo.

## Meditazione contemplativa taoista

Questo metodo consiste nel sedersi in meditazione e contemplare un testo spirituale, ma non nel tentativo di capire il testo, ma solo nell'ascoltare come se si sentissero i suoni della natura in sottofondo. Questo permette di assorbire inconsciamente gli insegnamenti quando non c'è un'analisi razionale di ciò che viene detto.

La meditazione contemplativa può essere fatta anche guardando la natura. Semplicemente contemplando ciò che ti sta davanti e assorbendo te stesso in quella contemplazione. Può anche essere eseguita fissando un muro e contemplando certe domande o concetti o cose che sorgono nella propria mente.

## Alchimia interna

L'Alchimia Interna è la pratica di sviluppare e muovere le energie interne del corpo: Jing (essenza dei fluidi corporei), Qi (vitalità del respiro) e Shen (lo spirito e la volontà della mente). All'inizio il movimento dell'energia è il Qi (Fuoco) e più tardi, quando si coltiva correttamente, è il movimento dell'Elisir (Acqua).

## Meditazione Zen

La meditazione Zen sosterrà l'importanza di sedersi in varie posizioni e si arriverà ad imparare a chiudere la mente anche al pensiero e alle immagini.

Il vostro battito cardiaco diventerà più lento e l'intensità della vostra respirazione scenderà anch'essa. Come fattore di conseguenza, entrerete in uno stato meditativo e il vostro pensiero diventerà isolato.

Sarete consapevoli solo del momento presente e i pensieri sul passato e sul futuro non vi perseguiteranno. In poche parole, la meditazione Zen vi proteggerà dalle continue chiacchiere del subconscio.

## Posizioni

Tradizionalmente, viene utilizzata solo la posizione del loto completo o la posizione del mezzo loto. Se non si è flessibili, è anche possibile praticare lo Zazen in ginocchio o sedersi su una sedia.

## Testa e collo

Qualunque sia la posizione che scegliete di adottare, assicuratevi che la schiena e il collo rimangano il più dritti possibile. Tieni la bocca chiusa, i denti dovrebbero essere uniti e la lingua dovrebbe essere contro il palato proprio dietro i denti.

## Gli occhi

Tradizionalmente nello Zen, gli occhi sono tenuti aperti durante la meditazione. Senza focalizzarsi su nulla in particolare, dirigete la vostra visione a circa un metro davanti a voi sul pavimento.

## Mani

Metti la mano sinistra sulla destra e i palmi delle mani rivolti verso il cielo. Ora fate un ovale toccando le punte dei pollici insieme, in modo che i vostri pollici si tocchino tra loro e formino una linea piuttosto dritta. La forma delle mani armonizza la condizione della nostra mente e se la mente viene distratta da pensieri vaganti, la forma ovale si distorge e funge da allarme.

## Respiro

Una parte fondamentale della pratica della meditazione Zen. La corretta respirazione può essere raggiunta solo attraverso la giusta postura. Durante lo Zazen, respirare tranquillamente attraverso il naso e tenere la bocca chiusa.

## La meditazione buddista

Questa meditazione vi fornirà il controllo completo sulla vostra mente e un equilibrio naturale tra mente, corpo e anima diventerà una realtà. La meditazione buddista vi renderà completamente consapevoli del vostro corpo fisico e di ogni movimento che il vostro corpo compie. Può essere descritta come una pratica estremamente disciplinata e dovreste praticarla quotidianamente per portare il massimo beneficio alla vostra mente, anima e corpo. La paura non troverà posto nella vostra mente e potete sempre aspettarvi una migliore concentrazione e concentrazione anche con questo metodo.

## Meditazione Vipassana

Sebbene Buddha sia stato il principale architetto della meditazione Vipassana, questa meditazione non è limitata a individui con un background buddista. Questo metodo vi insegnerà il modo migliore per guarire il corpo e la mente e si realizza attraverso la rimozione di tossine e altre forme di impurità attraverso il processo di purificazione. È necessario cercare un'assistenza professionale per raggiungere il massimo livello di purificazione e ruminazione attraverso questo metodo.

## Meditazione trascendentale

Può essere descritto come un metodo semplice e facile da imparare e da praticare. Allo stesso tempo, la meditazione trascendentale porterà enormi benefici pratici a tutti i settori della vita. Saprete come far riposare la mente e il corpo e anche alleviare la stanchezza e lo stress in modo naturale.

Con l'aiuto della meditazione trascendentale, potrete raggiungere uno stato di ruminazione in modo semplice e sarà estremamente adatto a tutti i tipi di persone. Non è necessario assegnare un tempo e un luogo specifici per praticare questa meditazione e può essere praticata a casa, in autobus o in qualsiasi luogo a seconda delle proprie preferenze.

## Meditazione di consapevolezza

Questa scuola di pensiero vi insegnerà a rimanere vigili e attenti a qualsiasi cosa facciate e avrete sempre una migliore consapevolezza di ciò che vi circonda e delle diverse situazioni. Come fattore di conseguenza, godrete di un corpo e di un sistema nervoso rilassati. Questo metodo può essere applicato a tutti gli aspetti della vostra vita, compreso l'alimentazione e l'esercizio fisico, e allenerà la vostra mente ad essere consapevole di ciò che vi circonda nel miglior modo possibile.

## Loving Kindness Meditation (Metta Meditation)

Questa pratica deriva dalle tradizioni buddiste, in particolare dai lignaggi Theravada e tibetani.

## Meditazione Mantra (Meditazione OM)

Un mantra è una sillaba o una parola, di solito senza un particolare significato, che viene ripetuta allo scopo di focalizzare la mente.

## Meditazioni Yogiche

Le meditazioni yogiche conprendono ad esempio la Meditazione del Terzo Occhio, Meditazione Chakra, la meditazione di fissazione (Trataka), Meditazione Kundalini, Kriya Yoga, Meditazione del suono (Nada Yoga), Tantra (la maggior parte delle pratiche del Tantra non hanno nulla a che fare con il sesso ritualizzato), Pranayama.

## Qigong (Chi kung)

Qigong (anche scritto chi kung, o chi gung) è una parola cinese che significa "coltivazione dell'energia vitale", ed è un esercizio corpo-mente per la salute, la meditazione e l'allenamento nelle arti marziali. In genere comporta un movimento lento del corpo, una concentrazione interiore e una respirazione regolata.


## Tecniche di meditazione Sufi

Il sufismo è il cammino esoterico all'interno dell'Islam, dove l'obiettivo è quello di purificarsi e raggiungere l'unione mistica con il Supremo (Allah) I praticanti del sufismo sono chiamati Sufi, e seguono una varietà di pratiche spirituali, molte delle quali sono state influenzate dalla tradizione dello Yoga in India.


## Meditazioni Cristiane

 Nella tradizione cristiana l'obiettivo delle pratiche contemplative è la purificazione morale e la comprensione più profonda della Bibbia.

## CAPITOLO 9 - INCORPORARE LA MEDITAZIONE NELLA VOSTRA ROUTINE QUOTIDIANA

Come abbiamo detto prima, la vita in questo mondo che va veloce, è diventata estremamente impegnativa. Un numero enorme di persone affronta un grandissimo numero di stress nella propria vita professionale e personale e la maggior parte di loro è convinta che la meditazione sia il miglior strumento disponibile per alleviare lo stress.

Tuttavia, la maggior parte delle persone trova estremamente difficile praticare la meditazione giorno per giorno.

### Come integrare la meditazione nella vostra routine quotidiana?

Trovare una risposta convincente a questa domanda assume oggi un'importanza fondamentale. Le persone trovano molte scuse al momento di pensare di praticare la meditazione e abbandonano questa importante attività dalla loro routine quotidiana. Questo atteggiamento deve essere cambiato e si dovrebbe trovare il tempo per praticare la meditazione in modo quotidiano. Ecco alcuni consigli per aiutarvi.

## Iniziare immediatamente

La maggior parte delle persone si lamenta di non avere tempo per la meditazione perché ha un programma di lavoro sovraccarico. La soluzione immediata a questo problema è di dedicare almeno cinque minuti al giorno alla meditazione e così facendo si avrà l'impressione che non si sottragga troppo tempo al proprio frenetico programma di lavoro.

La decisione di iniziare a praticare la meditazione dovrebbe essere presa in questo momento. Quando si prende una decisione del genere, nasce una nuova pratica. Praticate la meditazione subito dopo il vostro risveglio mattutino.

Alla maggior parte delle persone non piace stare ferme a lungo perché la loro mente e il loro corpo potrebbero non essere accordati in questo modo. Questo infonderà un senso di avversione verso la meditazione e la gente comincerà a trovare molte scuse.

Questo problema può essere risolto praticando la meditazione subito dopo il risveglio al mattino. Dopo una notte di sonno, sarete in una condizione di rilassamento e stare seduti immobili per un po' di tempo non sarà così difficile. Non sarete disposti a trovare molte scuse.

L'allenamento della mente e del corpo sarà estremamente efficace durante questo periodo e gradualmente si trasformerà in un'abitudine.

## Imposta una forte intenzione

Prima di tutto, dovreste analizzare il motivo per cui volete praticare la meditazione. Capire il motivo esatto vi terrà meglio preparati e dovreste visualizzarvi dopo un anno o sei mesi. Se rimanete impegnati a praticare la meditazione, come sarà la vostra vita dopo 6 mesi? Dovrete visualizzare questa situazione e impostare un'intenzione così forte vi farà impegnare a praticare la meditazione.
In poche parole, il processo di incorporare la meditazione nella vostra routine quotidiana diventerà meno complicato per voi.

## Stabilisci un orario e uno spazio fissi

Dovreste identificare un luogo sereno e un tempo fisso per praticare la meditazione. Quando continuate a meditare nello stesso luogo e alla stessa ora in modo quotidiano, rendete le cose più facili per la meditazione. La ripetizione e la familiarità porteranno alla fine alla formazione di una nuova abitudine e si può anche impostare un allarme per avere una migliore consapevolezza della durata. Tutti questi passi vi aiuteranno a incorporare la meditazione nella vostra routine quotidiana e potrete anche dire addio alle scuse patetiche.

## CONCLUSIONE - CONSIGLI PER INIZIARE OGGI IL VOSTRO VIAGGIO DI MEDITAZIONE

Quando ti rendi conto che praticare la meditazione è un aspetto inevitabile per affrontare le sfide che ti attendono, non dovresti mai astenerti dal farlo. La procrastinazione non vi permetterà mai di marciare verso una maggiore gloria e rimarrete sempre bloccati dalla mediocrità.
La maggior parte delle persone non si è resa conto del vero potere delle loro menti e voi non dovreste più essere considerati come uno di loro. I poteri non sfruttati della vostra mente dovranno essere utilizzati nel miglior modo possibile e non c'è altra scelta che praticare la meditazione per avere successo in questo mondo altamente competitivo.
Quando vi renderete conto del vostro vero potenziale, potrete ricreare il vostro destino ed è esattamente così che i grandi leader sono riusciti a ricreare il loro destino.
Praticare la meditazione in modo quotidiano con il giusto impegno e disciplina scatenerà sicuramente il vostro potenziale nascosto e dovreste prendere oggi stesso

questa decisione importante e che cambia la vita. Per essere precisi e chiari, dovreste decidere di iniziare a praticare la meditazione oggi stesso. Ecco alcuni consigli importanti per iniziare il vostro viaggio di meditazione oggi:

## Rendetevi conto del vero significato della meditazione

È necessario eseguire esercizi per migliorare la vostra salute fisica e un buon fisico vi proteggerà da ogni tipo di malattia. E la salute mentale?
Dovreste migliorare la vostra salute mentale anche con la pratica regolare della meditazione e questo metodo vi porterà a un livello completamente diverso.
Il peggioramento della salute mentale causerà tutti i tipi di complicazioni e anche la vostra salute fisica ne risentirà in modo negativo. Lo stress è un killer silenzioso ed è necessario sconfiggere lo stress con l'aiuto delle tecniche di meditazione. Dovrete rendervi conto di tutti questi importanti aspetti prima di iniziare il vostro viaggio di meditazione.

## Rileggere questa guida e acquisire una migliore comprensione dei benefici della meditazione

Potrai godere di innumerevoli benefici quando pratichi la

meditazione in modo quotidiano e comprendono una maggiore concentrazione, una migliore memoria, una riduzione dello stress, una maggiore concentrazione, una diminuzione dell'ansia, la pace della mente, la chiarezza di pensiero, la stabilità emotiva, una maggiore creatività, un'intuizione completamente sviluppata, un perfetto equilibrio tra mente acuta e coscienza espansa, una riduzione della tensione e un atteggiamento ottimistico verso la vita.

Cosa succederebbe se si fosse muniti di tutte queste qualità? Potreste pensare che non sia affatto possibile, ma il fatto è che potrete godere di tutti questi benefici quando praticherete la meditazione in modo coerente.

**Preparatevi bene prima di iniziare**

È necessario individuare un luogo in cui non ci si distrae e si deve anche fissare un orario. Dovrete praticare la meditazione nello stesso luogo e allo stesso tempo regolarmente, e si formerà un'abitudine. Dovreste stabilire un'intenzione forte, in modo che le scuse zoppicanti per rimandare la vostra decisione diventino una realtà lontana. È sempre consigliabile praticare la meditazione al mattino, perché dopo una buona notte di sonno sarete in uno stato d'animo rilassato. Quando si seguono tutti questi consigli, la pratica della meditazione si trasforma in abitudine in modo graduale. Se siete davvero determinati a iniziare la vostra pratica di meditazione oggi, state facendo il primo passo per il viaggio di ridefinizione del vostro destino.